Niklas und der magische Zauberstaub

meinen lieben Kindern

Stefan März

Niklas und der magische Zauberstaub

Kinderbuch

Impressum

Bibliografische Information der Deutschen Nationalbibliothek:
Die Deutsche Nationalbibliothek verzeichnet diese Publikation in der Deutschen
Nationalbibliografie; detaillierte bibliografische Daten sind im Internet über http://dnb.dnb.de
abrufbar.

Bildnachweis (Umschlag, S. 7, 13, 17, 22, 29): DALL·E 2 (https://openai.com/dall-e-2)

Herstellung und Verlag: BoD – Books on Demand, Norderstedt

ISBN: 978-3-7386-1383-4

Eins

Niklas war ein bescheidener Junge, der in einer beschaulichen Stadt in einem Reihenhaus im Grünen wohnte, zusammen mit seinen Eltern und seinen beiden kleinen Brüdern Anton und Jonas.

Obwohl er immer freundlich und hilfsbereit war, fühlte Niklas manchmal, dass er nicht genug Mut und Selbstvertrauen hatte, um Dinge zu schaffen, die er sich vorgenommen hatte. Das ärgerte ihn selbst, aber er wusste leider auch nicht so recht, was man da tun könnte.

An einem lauen Sommerabend, als Niklas bereits friedlich in seinem Kinderzimmer schlief, flog unverhofft eine kleine Fee mit einem bunten Kleidchen und zarten Flügeln durch das geöffnete Fenster, zwirbelte sich mehrfach um die eigene

Achse, machte noch einen Salto – das war wohl einer zu viel. Die Fee verlor den Überblick und landete unsanft auf Niklas' Teppich.

Verdutzt rappelte sie sich hoch, aber sie hatte bei ihrem Missgeschick ein wenig von ihrem Zauberstaub verloren. Niklas wurde von diesem Gerumpel und Gepolter wach und war überrascht, als er die Fee sah.

„Oh, es tut mir so leid", sagte die Fee. „Ich habe dich aufgeweckt und außerdem ein wenig von meinem magischen Zauberstaub verloren."

Niklas beschwichtigte, dass das nicht schlimm sei und fragte die Fee, was denn Zauberstaub sei. Die Fee erklärte ihm, dass es besondere magische Staubteilchen waren, die Wünsche wahr werden lassen konnten.

Der Zauberstaub war eine glitzernde Substanz, die in funkelnden Farben erstrahlte. Jedes Teilchen schien wie ein

Juwel zu leuchten und reflektierte das Licht, das durch das Kinderzimmerfenster hereinfiel.

Der Staub war so fein, dass er fast durchsichtig wirkte und sich in der Luft bewegte, als würde er von einer unsichtbaren Kraft angezogen. Man konnte fast fühlen, dass in jedem Teilchen des Staubs ein Wunsch verborgen war, bereit, von jemandem, der daran glaubte, wahr zu werden.

Niklas war neugierig und fragte die Fee, ob denn möglicherweise auch er den Zauberstaub benutzen konnte. Die Fee überlegte kurz, nickte und sagte dann: „Ja, das ist in Ordnung, ich lasse dir ein wenig davon hier. Aber denk daran, dass du ihn nur für etwas Gutes verwenden sollst. Und denk daran, dass das, was du dir wünschst, auch wirklich passieren wird."

Niklas starrte ungläubig auf die kleine Fee vor sich. „Wünsche erfüllen?" wiederholte er verwundert.

Die Fee nickte. „Ja, wenn du genau weißt, was du willst, kann der magische Zauberstaub deine Wünsche wahr werden lassen", sagte sie mit ihrer zarten Stimme.

Niklas konnte es kaum glauben. „Kann ich dann zum besten Fußballspieler der Welt werden?", fragte er hoffnungsvoll.

Die Fee lächelte. „Wenn das dein Wunsch ist, kann der Zauberstaub dir dabei helfen, dich im Spiel besser zu fühlen und mutiger zu werden."

Niklas dachte angestrengt nach. Was wünschte er sich am meisten? Plötzlich fiel ihm ein, dass er sich wünschte, mutiger zu sein, um für seine kleinen Brüder einzustehen, die manchmal von anderen Kindern geärgert wurden.

„Ich wünsche mir Mut", sagte Niklas entschlossen.

Die Fee nickte wissend. „Dann lass uns den Zauberstaub auf dich wirken lassen."

Sie blies ein wenig Zauberstaub auf Niklas und er spürte sofort, wie sein Körper warm und geborgen wurde. Er fühlte sich stärker und mutiger.

„Wow!", rief er aus. „Das ist unglaublich!"

Die Fee lächelte erneut. „Denk daran, dass der Zauberstaub nur dann funktioniert, wenn du an dich selbst glaubst."

Mit diesen Worten verschwand die Fee aus dem Zimmer und Niklas fühlte sich bereit, seine eigene Heldenreise zu beginnen. Zunächst aber fielen ihm die Augen zu. Er schlief wieder ein, ohne eine Entscheidung zu treffen, was sein erstes Abenteuer sein sollte.

***

Zwei

Niklas saß am nächsten Morgen in seinem Zimmer und faltete Papier. Er liebte es, immer neue Modelle auszuprobieren, Flieger, Schiffe, Tiere, oder Blumen. Heute versuchte er sich an einem Origami-Esel. Es war eines seiner Lieblingsprojekte und er verbrachte Stunden damit, die Falten und Knicke genau zu verfolgen, bis er das perfekte Modell hatte.

Plötzlich bemerkte Niklas, dass der Esel sich bewegte! Er starrte ihn ungläubig an, als der Esel den Kopf hob und ihn mit seinen großen, braunen Augen ansah.

„Wow!", rief Niklas aus. „Du bist lebendig!"

Der Esel nickte und antwortete mit einer tiefen, schnaubenden Stimme: „Ja, ich bin lebendig, dank des

Zauberstaubs, der zufällig auf mich gefallen ist, als du mich gefaltet hast."

Niklas konnte es nicht glauben. Er sprach mit dem Esel über alles Mögliche, von seiner Liebe zum Basteln bis hin zu seinen Träumen und Hoffnungen. Der Esel hörte aufmerksam zu und gab ihm Ratschläge und Mut.

Niklas hatte noch nie jemanden wie den Esel getroffen und er war dankbar für die Gesellschaft. Er beschloss, ihn im Zimmer zu behalten, als sein besonderes Geheimnis.

Der Esel saß auf einem Regal und beobachtete Niklas bei der Arbeit, während er weiterredete und ihm Geschichten erzählte.

Niklas blickte auf den Origami-Esel, der zum Leben erweckt worden war. Er konnte es immer noch nicht glauben, dass ein einfaches Papiermodell auf einmal sprechen und denken konnte.

„Was kannst du mir noch erzählen?", fragte Niklas neugierig. Der Esel sah ihn mit seinen großen Augen an und antwortete: „Während meiner Zeit als Origami-Esel habe ich viel darüber gelernt, was wirklich wichtig im Leben ist."

Niklas lauschte gespannt, als der Esel weitersprach: „Ich habe gelernt, dass es nicht darum geht, Dinge zu besitzen oder immer recht zu haben, sondern dass Freundschaft und Mut die wahren Schätze im Leben sind. Freunde stehen einander bei, egal was passiert, und Mut ermöglicht es uns, Herausforderungen zu meistern und unser Bestes zu geben."

Der Esel machte eine Pause und sah Niklas an, bevor er fortfuhr: „Ich hoffe, dass du verstehst, dass es im Leben nicht darum geht, besonders stark oder reich zu sein, sondern darum, mitfühlend und mutig zu sein."

Niklas war tief beeindruckt von den Worten des Esels und nickte entschlossen. „Ich verspreche es dir, ich werde mein

Bestes geben, um ein freundlicher und mutiger Mensch zu sein."

Niklas verbrachte lehrreiche Stunden mit dem Origami-Esel, aber es war an der Zeit, Abschied zu nehmen. Nach ihrem Gespräch kehrte der Esel zurück in seine ursprüngliche Origami-Form. Niklas legte ihn sorgfältig auf sein Regal und nahm herzlich Abschied.

Der Esel lächelte Niklas zu und verschwand, aber Niklas wusste, dass die Lektionen, die er gelernt hatte, ihm für immer erhalten bleiben würden. Die Erfahrung mit dem Origami-Esel würde ihm helfen, in Zukunft mutiger und mitfühlender zu sein.

***

DREI

Niklas befand sich an diesem Nachmittag zusammen mit seinen beiden kleinen Brüdern in seinem Kinderzimmer. Das Zimmer war voller Farben und Spielzeug, mit Wänden, die mit bunten Postern und Zeichnungen geschmückt waren.

Ein bunter Teppich mit fröhlichen Mustern lag auf dem Boden, und in einer Ecke stand ein Regal mit Büchern, Kuscheltieren und Spielen. Die Sonne schien durch das Fenster und erleuchtete das Zimmer mit warmem Licht.

Die drei Jungen beschäftigten sich gerade mit ihrem Kasperltheater, als plötzlich Niklas' liebste Handpuppe, ein Zauberer mit einem langen, weißen Bart, durch den Zauberstaub, den er zuvor von der Fee erhalten hatte, zum Leben erweckt wurde.

Der Zauberer, gekleidet in einem zauberhaften, blauen Umhang mit goldenen Sternen und mit einem Hut auf dem Kopf, begrüßte die Jungen freundlich und begann, ihnen etwas über Mut und Selbstvertrauen zu erklären.

Die Brüder lauschten gebannt den Worten des Zauberers und stellten ihm immer wieder Fragen. Der Zauberer erklärte ihnen, dass jeder von uns Mut und Selbstvertrauen in sich trägt und dass es wichtig ist, diese Eigenschaften zu entfalten und zu entwickeln. Er sagte ihnen, dass man Mut zeigen kann, indem man Dinge tut, die man sonst nicht tun würde, und dass man Selbstvertrauen aufbauen kann, indem man kleine Schritte in unbekannte Richtungen unternimmt.

Die Brüder lauschten gebannt den Worten des Zauberers und stellten ihm immer wieder Fragen.

Anton fragte: „Wie zeigt man Mut, weiser Zauberer?" Dieser antwortete mit freundlicher Stimme: „Nun, indem man Dinge tut, die man sonst nicht tun würde. Zum Beispiel, wenn du Angst hast, mit Kindern zu sprechen, die du noch nicht kennst, kannst du einfach auf sie zugehen und es versuchen. Das zeigt Mut."

Jonas wollte vom Zauberer noch wissen: „Und wie kann man Selbstvertrauen aufbauen?"

Der Zauberer erwiderte: „Indem man kleine Schritte in unbekannte Richtungen unternimmt. Jeder kleine Schritt, den du in unbekannte Richtungen unternimmst, hilft dir, Selbstvertrauen aufzubauen."

Niklas war sich noch immer nicht sicher, was er damit anfangen sollte: „Aber was ist, wenn wir scheitern?"

Hier beruhigte ihn der Zauberer: „Fehler sind Teil des Lernens und Wachstums. Wichtig ist, dass du es versuchst und daraus lernst. Jeder Fehler bringt dich ein Stück näher zum Erfolg."

Alle drei Brüder versprachen freudig: „Danke, Zauberer. Wir werden es versuchen." Das wiederum freute den

Handpuppen-Zauberer: „Gut gemacht, Jungs. Und denkt daran, ihr habt das alles in euch. Ihr müsst es nur hervorholen."

Doch gerade als der Zauberer den drei Brüdern eine letzte Weisheit verraten wollte, erlosch die Magie des Zauberstaubs und der Zauberer verwandelte sich wieder zurück in eine ganz gewöhnliche Handpuppe. Die Brüder waren enttäuscht, aber Niklas erinnerte sie daran, dass sie jetzt selbst Mut und Selbstvertrauen zeigen und ihre eigenen Abenteuer erleben konnten.

Niklas und seine Brüder verließen das Zimmer und gingen aus dem Haus, um neue Abenteuer zu erleben und ihren neu gefundenen Mut und Selbstvertrauen auszuprobieren.

***

VIER

Niklas, Anton und Jonas waren aufgeregt und bereit für ein nächstes Abenteuer. Der magische Zauberstaub hatte ihnen so viel Mut und Selbstvertrauen gegeben, dass sie sich bereit fühlten, jede Herausforderung zu meistern.

„Lasst uns los gehen und eine neue Herausforderung finden", sagte Niklas und alle drei Brüder liefen aufgeregt aus dem Haus.

Sie kamen an einem See an, standen am Ufer und blickten auf das klare, glatte Wasser. Hinter den Kindern stand ein knorriger alter Baum und sie staunten nicht schlecht, als er urplötzlich zu sprechen begann. Seine Stimme klang knarzend, als ob sie aus den Tiefen seines Stammes kam.

„Ihr Kinder, ich bin zum Leben erweckt worden durch den magischen Zauberstaub und ich habe eine wichtige Aufgabe für euch. Ihr müsst drei Herausforderungen bestehen, um die Kraft des Zauberstaubes zu beweisen und seine vollständige Wirkung zu entfalten." Die Kinder hörten aufmerksam zu und nickten, bereit für die Aufgaben.

Der Baum blickte die Kinder auffordernd an. „Seid mutig und zeigt, was ihr in euch tragt. Ich glaube an euch."

Sie waren bereit, ihre drei Aufgaben zu bestehen, aber plötzlich rutschte Anton aus und fiel in den See. Seine Brüder mussten ihn aus dem Wasser ziehen und trösten.

Als Anton endlich wieder trocken war, machten sie sich bereit, die erste Aufgabe zu beginnen. Sie mussten einen Stein über das Wasser tanzen lassen, ohne dass er ins Wasser fiel. Niklas und Jonas schafften es problemlos, aber Anton hatte Schwierigkeiten und schaffte es erst nach einer Weile.

Die nächste Aufgabe bestand darin, eine Rose aus dem Wasser zu holen, ohne dass eine einzige Blüte abbrach. Diese Aufgabe war besonders schwierig, da die Rose tief im Wasser lag und die Strömung stark war. Niklas und Anton bewerkstelligten es schließlich, aber Jonas hatte Schwierigkeiten und brach ein paar Blüten ab. Erst beim zweiten Versuch funktionierte es auch bei ihm.

Die letzte Aufgabe bestand darin, einen goldenen Fisch zu fangen. Die drei Brüder versuchten es mit verschiedenen Techniken, aber der Fisch war sehr schlau und entkam immer wieder. Schließlich gelang es Anton, den Fisch zu fangen, aber er ließ ihn wieder frei, als er sah, wie traurig der Fisch war, dass er nicht mehr schwimmen konnte. Die Jungs freuten sich, wie schön und fröhlich er daraufhin wieder im Wasser schwamm.

Der Baum schaute auf die Kinder mit seinen großen, weisen Augen und sprach: „Liebe Kinder, ihr habt meine

Erwartungen übertroffen. Ihr habt Mut bewiesen, indem ihr jede Herausforderung angenommen habt, und ihr habt eure Zweifel besiegt, indem ihr eure Herzen geöffnet habt. Der Zauberstaub kann nun seine volle Wirkung entfalten. Ich bin sehr stolz auf euch."

Dann begann der Baum zu erzittern und seine Rinde zu verblassen, als er sich wieder in einen gewöhnlichen Baum verwandelte. „Geht nun mit dem Wissen und der Stärke weiter, die ihr heute gewonnen habt", sagte er, bevor er still und stumm wurde.

Die Kinder standen ehrfürchtig vor dem alten, knorrigen Baum, erfüllt von dem, was sie gerade erlebt hatten. Sie wussten, dass sie diese Erfahrung niemals vergessen würden und dass sie das Gelernte immer bei sich tragen würden, wohin sie auch gingen.

***

FÜNF

Es war ein schöner Tag, die Sonne schien und die Vögel zwitscherten. Niklas, Anton und Jonas spielten im Park mit einem Ball, und sprachen über das große Nachbarschafts-Fußballspiel, das später stattfinden würde. Sie hatten sich schon seit Wochen auf dieses Spiel gefreut und waren sehr aufgeregt, endlich zu spielen.

Als sie sich auf den Weg zum Spielfeld machten, bemerkten sie, dass ein finster dreinblickender Junge aus der Nachbarstadt schnurstracks auf sie zulief. Das ließ Ärger befürchten! Der Junge sagte zunächst ein paar gemeine Dinge zu Anton und schubste Jonas danach sogar zu Boden. Die beiden jüngeren Brüder waren aufgebracht und waren den Tränen nahe, und Niklas wusste, dass er etwas unternehmen musste. Er erinnerte sich an die Worte des Zauberers: „Der wahre Schatz ist deine Freundschaft und dein Mut."

Mit diesem Gedanken im Hinterkopf ging er auf den Jungen zu und sagte ihm, er solle sofort aufhören, seine Brüder zu hänseln, denn sonst bekomme er es mit ihm zu tun. Der Junge war ganz überrascht, dass man sich ihm so mutig und entschlossen entgegenstellte, und er zog schlecht gelaunt und vor sich hin grummelnd von dannen.

„Jungs, glaubt ihr, dass mich der Zauberstaub so mutig gemacht hat?" fragte Niklas seine Brüder.

„Das kann schon sein", antwortete Anton. „Vielleicht war es so."

„Ich glaube, wir haben den Zauberstaub gar nicht gebraucht", sagte Jonas. „Wir haben doch uns gegenseitig und das hat Niklas seinen Mut gegeben."

Das Nachbarschafts-Fußballspiel begann kurz darauf und beide Mannschaften waren gleich stark. Niklas und seine

Brüder spielten mit aller Kraft, passten den Ball, schossen, flankten und rannten, aber die andere Mannschaft war zäh. Gerade als sie dachten, sie würden nie ein Tor erzielen, bekam Niklas den Ball und dribbelte an den Verteidigern vorbei. Mit einem wuchtigen Schuss erzielte er den Siegtreffer, und die ganze Nachbarschaft brach in Jubel aus. Alle gratulierten Niklas, der der Held des Tages geworden war.

Niklas, Anton und Jonas feierten den Sieg und Niklas' Heldentat beim Fußballspiel noch lange. Als sie zu Hause ankamen, stellten sie erstaunt fest, dass der letzte kleine Rest des magischen Zauberstaubs bereits verflogen war.

Niklas wurde plötzlich etwas klar: Er hatte seinen eigenen Mut und sein Selbstvertrauen gefunden. Er hatte sich für seine Brüder eingesetzt und ihnen geholfen, auch ohne die Hilfe des Zauberstaubs. Und das Siegtor beim Fußballspiel hatte er auch ganz allein geschafft!

Die Brüder dachten darüber nach, was sie während des Tages gelernt hatten.

„Wir haben heute gelernt, dass wir gar keinen Zauberstaub brauchen, um mutig und tapfer zu sein", sagte Niklas zu seinen Brüdern. „Wir haben den Mut bereits in uns."

Anton und Jonas nickten zustimmend. „Und wir haben heute gelernt, dass unser Zusammenhalt und unsere Freundschaft unbezahlbar sind", sagte Anton. „Ja, das stimmt", sagte Jonas.

Die drei Brüder schliefen diese Nacht glücklich und zufrieden ein, wissend, dass sie immer füreinander da sein werden, egal was kommt.

***

SECHS

Am nächsten Tag trafen sich Niklas und seine Brüder wieder im Park. Sie sprachen über das große Fußballspiel und wie stolz sie auf Niklas waren, der zum Helden des Tages geworden war. „Wow, Niklas, du warst der Held des Tages! Wir sind so stolz auf dich", sagte Jonas bewundernd.

Doch plötzlich kam der Junge aus dem Nachbarort auf sie zu. Oh nein – hoffentlich würde es nun nicht erneut Ärger geben!

Der Junge jedoch näherte sich diesmal mit gesenktem Kopf und entschuldigte sich bei Anton, Jonas und Niklas.

„Hallo", sagte er schüchtern. „Ich muss mich bei euch entschuldigen. Ich habe mich gestern euch gegenüber nicht besonders gut verhalten."

„Entschuldigung angenommen. Das ist schon okay", sagte Niklas freundlich. „Was ist denn passiert, dass du so ärgerlich warst?"

„Ich war einfach so aufgeregt wegen dem Fußballspiel und habe mich gehen lassen. Aber das tut mir jetzt ganz schön leid und ich möchte ja eigentlich, dass wir Freunde sein können", sagte der Junge.

„Natürlich" sagte Anton lächelnd. „Wir können Freunde werden. Komm doch beim nächsten Fußballspiel mit und spiele mit uns."

Der Junge strahlte und sagte: „Das wäre großartig! Danke euch."

Niklas und seine Brüder lernten durch diese Begegnung, dass Freundlichkeit und Mitgefühl wichtiger sind als jeder Sieg oder Wettbewerb. „Wir sollten aus dieser Erfahrung lernen", sagte Niklas. „Wir werden einmal in der Woche zusammen Fußball spielen und auch andere Kinder einladen, damit jeder von ihnen Freunde finden kann."

Seine Brüder nickten zustimmend. „Ja, das ist eine großartige Idee", sagten sie.

Und so beschlossen Niklas und seine Brüder, dass sie stets freundlich zu anderen sein würden, denn damit kommt man am weitesten. Zudem hatten sie erkannt, dass Freundschaft und Mut viel wertvoller sind als jeder noch so zauberhafte Zauberstaub.

***